# Guía sobre la Misa para niños

SUE STANTON

ILUSTRACIONES POR
H. M. ALAN

PAULIST PRESS
New York / Mahwah, N.J.

Ilustración de la portada y contratapa por H. M. Alan
Portada y contratapa diseñadas por Lynn Else
Editado por Come Alive Communications, Inc., www.ComeAliveUSA.com

Stanton, Sue, 1952-
    Guía sobre la Misa para niños / por Sue Stanton; ilustraciones por H.M. Alan.
       p. cm.
    ISBN: 0-8091-6702-6 (tapa dura)
      1. Misa—Celebración—Literatura Juvenil [1. Misa—Celebración. 2. Iglesia Católica—Liturgia.]
    I. Alan, H. M., ill. II. Título.

    BX2230.2 .S73 2000
    264´.02036—dc21

                                                                                      00-057452

Publicado por Paulist Press
997 Macarthur Boulevard
Mahwah, New Jersey 07430
Estados Unidos de Norte América

www.paulistpress.com

Impreso y encuadernado en México.

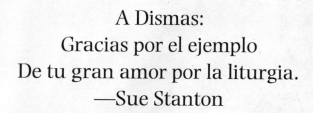

A Dismas:
Gracias por el ejemplo
De tu gran amor por la liturgia.
—Sue Stanton

En cálido recuerdo de
Ella Diana Pilcher Hicks.
Para Kaitlin, Delaney,
Kade K., y Karen S.
—H. M. Alan

¡Hola! Me llamo Blanca. Quiero invitarte a que me acompañes hoy, junto con mi familia, a la iglesia. Esta mañana hay una Misa especial para niños. ¿Qué es una Misa? Te lo enseñaré.

Hola Josette. ¿Qué estás haciendo?

Soy una colaboradora que le da la bienvenida a la gente cuando entran a la iglesia. Les doy una copia de un folleto especial, dentro del cual hay oraciones y cantos que vamos a usar. **Mira el dibujo de Luís para la tapa del programa.**

Mejor entremos y consigamos un asiento. Nos gusta sentarnos adelante.

¡Buenos días a todos! Bienvenidos a la Misa de los Niños. El Evangelio de hoy nos relata cuando Jesús animó a sus amigos a brillar como luz para que todo el mundo la vea. Ellos podían brillar usando los talentos que Dios les había dado, compartiendo su fe y ayudando a los demás. Todos somos amigos y discípulos de Jesús. También nosotros debemos brillar.

GOOD NEWS

La Misa está por comenzar. Escuchamos a Jideko.

Ahora cantamos el *Canto de Entrada*. Con esto comienza la primera parte de la Misa que se llama *Rito de Entrada*. El coro canta muy bien ¿no? ¡Tal vez yo cante algún día en el coro! El Padre Miguel está entrando a la iglesia. **¿Puedes verlo cantando?**

¿Puedes encontrar?

¡Buenos días a todos!

El Padre Miguel nos invita a unirnos y alabar a Dios. Liliana y Cristóbal se quedan al lado del altar durante toda la Misa con el Padre Miguel. Son llamados *monaguillos o acólitos.* Usan unas túnicas largas y ayudan al Padre Miguel cuando él los necesita.

Cuando sea más grande, me gustaría ser monaguillo. ¿A vos te gustaría?

El Padre Miguel nos dirige durante el *Rito Penitencial.* Reza una oración y contestamos: «Cristo, ten piedad» ó «Señor, ten piedad.»

Cuando nos arrepentimos sinceramente, Dios nos perdona. ¡Yo rezo esta oración a menudo! **¿Tienes alguna oración especial?**

La siguiente parte de la Misa se llama *Liturgia de la Palabra*. Generalmente, la *Primera Lectura* se lee a partir de la sección de la Biblia que se llama el *Antiguo Testamento*. El Antiguo Testamento es una colección de libros escritos hace mucho tiempo. **¿Ves las palabras *Antiguo Testamento* escritas en la Biblia de Jideko?**

El coro nos guía cantando un *Salmo.* Primero el coro canta un párrafo y después nosotros cantamos una respuesta que se llama *Responsorio.* Cuando canto el Salmo Responsorial trato de imaginar como lo cantaron los primeros cristianos hace muchos años.

La *Segunda Lectura* se toma del *Nuevo Testamento.* El Nuevo Testamento está lleno de relatos sobre Jesús y sus amigos. Generalmente se trata de una carta que anima a la gente a seguir a Jesús. **¿Ves una luz brillante?**

Después de la Segunda Lectura, el Padre Miguel lee el *Evangelio.* Los Evangelios son la parte más importante de la Liturgia de la Palabra. La palabra *evangelio* significa «buena noticia» porque estos textos contienen el mensaje maravilloso que Jesús trajo al mundo. **¿Puedes encontrar el cartel que hicimos que dice *Buena Noticia*?**

Para ayudarnos a entender el mensaje de Jesús, el Padre Miguel nos predica una *Homilía.* En la homilía, el Padre explica el significado de las lecturas que hemos escuchado.

Después de la homilía, nos ponemos de pie para rezar una oración, llamada el Credo o *Profesión de Fe.* La rezamos con todo fervor porque en ella afirmamos muchas de las cosas que creemos respecto a nuestra relación con Dios. **¿Puedes rezar esta oración de memoria?**

Siguen la *Oración Universal*, también llamada *Oración de los Fieles.* Pedimos a Dios que ayude a nuestra parroquia, a toda la Iglesia y a todo el mundo. Algunos de los amigos de mi hermano las están leyendo. **¿Tienes tú algunas oraciones que te gustaría rezar?**

En algunas ocasiones la Oración Universal también puede mencionar la realización de acciones generosas para hacer el bien a otros. Algunas veces ponemos una canasta especial para juntar comida y llevarla a gente que no tienen para comer. **¿Puedes encontrar la canasta llena de comida?**

La organista nos ayuda al compartir su talento musical con nosotros. Hay mucha gente que colabora en nuestra iglesia.

Ahora empieza la *Liturgia de la Eucaristía.* Es una comida especial que compartiremos juntos. Cada uno ayuda —como en la casa. Una familia lleva el pan y el vino al altar. El Padre lo bendice. Prepara la comida así como Jesús la preparó para sus amigos cuando quiso que ellos supieran cuánto los quería. Ahora en la iglesia hay silencio y paz, ya que se trata de un momento sagrado.

El Padre Miguel comienza a rezar la *Plegaria Eucarística*. Pronuncia las mismas palabras que Jesús dijo a sus amigos: «Tomen y coman todos de él, porque éste es mi Cuerpo, que será entregado por ustedes». Después el Padre Miguel toma el cáliz lleno de vino y dice: «Tomen y beban todos de él, porque éste es el cáliz de mi Sangre, Sangre de la alianza nueva y eterna. Hagan esto en conmemoración mía». Ahora el pan y el vino se han convertido en el cuerpo y la sangre de Cristo, aunque se los ve tal como eran antes. Toda esta acción es llamada la *Consagración*. Cristo está siempre con nosotros. **Cierra tus ojos y piensa en Jesús.**

El Padre Miguel sigue rezando. Pide por los que gobiernan a la Iglesia y por todos los difuntos. Me siento bien sabiendo que hay un momento en el que puedo recordar a mis abuelos.

Unidos, como una familia alrededor de la mesa, rezamos la oración que Jesús nos enseñó.

Padre nuestro, que estás en el cielo,
Santificado sea tu Nombre;
venga a nosotros tu reino;
  hágase tu voluntad en la tierra como
    en el cielo.
    Danos hoy nuestro pan de cada día;
    perdona nuestras ofensas, como
      también nosotros perdonamos a los
      que nos ofenden;
    no nos dejes caer en la tentación,
    y líbranos del mal. Amén.

Ahora es el momento de realizar el *Signo de la Paz*. El Padre Miguel viene hacia mí, y me dice: «La paz de Cristo sea contigo, señorita». Yo le contesto: «Y con tu espíritu, Padre». Tanto él como yo nos estrechamos las manos. Ahora debo continuar haciendo este gesto, por eso estrecho la mano con la señora que está a mi lado. Algunas veces deseo que todo el mundo pueda estrechar sus manos en un gran saludo de paz. **¿Con cuánta gente puedes estrechar la mano?**

Aunque no tengo edad para recibir la *Comunión* —otro nombre para el pan y el vino consagrados— siempre acompaño a mis papás cuando se acercan a comulgar. Pero ¿sabes qué? ¡El Padre Miguel pone su mano sobre mi cabeza y me da una bendición especial! Eso me gusta, pero ya tengo muchas ganas de celebrar mi *Primera Comunión*.

Está a punto de concluir la Misa. El Padre Miguel da la Hostia consagrada a los *Ministros de la Eucaristía* que se la llevarán a los miembros de la parroquia que no pueden asistir a la iglesia, como le ocurre a los enfermos y a los más ancianos. **¿Cuántos Ministros de la Eucaristía ves tú?**

El Padre Miguel nos bendice haciendo la *Señal de la Cruz.* **¿Puedes dibujar el signo de la cruz sobre las manos del Padre Miguel?**

«Vayan y lleven la luz de Cristo a todos aquéllos con los que se encuentren».

Empieza la música y el coro canta. ¡Yo canto también!

El Padre Miguel y los monaguillos son los primeros en retirarse. Yo sí puedo decir que al Padre Miguel le gusta esta canción. **¿Tú también puedes decirlo?**

El Padre Miguel esperará en la entrada de la iglesia para saludar a todos los que han asistido a Misa y que ahora se retiran. Le da la mano a todos, ¡incluso a los bebés!

Después de la Misa nos reunimos todos afuera. Mis papás hablan con sus amigos y yo juego con los míos durante un rato.

Nuestra iglesia es como nuestra casa. Nuestra parroquia es nuestra familia.

Te agradezco mucho que me hayas acompañado, compartiendo conmigo y con mi familia la Misa de los Niños. Voy a mostrar mi luz especial a todos los que encuentre durante la semana. **¿Tú también lo harás?**